BEI GRIN MACHT SICH IHR WISSEN BEZAHLT

AF168220

- Wir veröffentlichen Ihre Hausarbeit,
  Bachelor- und Masterarbeit

- Ihr eigenes eBook und Buch -
  weltweit in allen wichtigen Shops

- Verdienen Sie an jedem Verkauf

Jetzt bei www.GRIN.com hochladen
und kostenlos publizieren

GRIN

Wissenschaftliches Arbeiten. Qualitativer Interviewleitfaden zum Thema Unternehmensreputation, Verzerrungen im Interview, Ablauf einer qualitativen Inhaltsanalyse

Bibliografische Information der Deutschen Nationalbibliothek:

Die Deutsche Nationalbibliothek verzeichnet diese Publikation in der Deutschen Nationalbibliografie; detaillierte bibliografische Daten sind im Internet über http://dnb.d-nb.de abrufbar.

ISBN: 9783346324818
Dieses Buch ist auch als E-Book erhältlich.

Einsendeaufgaben

Alternative B
Aus dem Themenkatalog 2020

Eingesandt: 24.04.2020

SRH Fernhochschule Riedlingen

Modul: Wissenschaftliches Arbeiten – Vertiefung 1

Studiengang: Wirtschaftspsychologie, Bachelor of Science

Inhaltsverzeichnis

Abkürzungsverzeichnis

z.B.   Zum Beispiel

Abbildungsverzeichnis

Aufgabe B1 - Qualitativer Interviewleitfaden

Die Teilaufgabe B1 beinhaltet die Operationalisierung des Konstruktes Unternehmensreputation sowie die Konzeption eines vollständigen qualitativen Interviewleitfadens. Mit Hilfe des Interviewleitfadens soll eine Befragung der drei wichtigsten Stakeholder des Unternehmens durchgeführt werden. Als beispielhaftes Unternehmen wird Boehringer Ingelheim Pharma GmbH & Co. KG gewählt.

1.1 Konzeption eines qualitativen Interviewleitfaden

In der qualitativen Forschung geht es darum, bestimmte Phänomene oder neue Forschungsgebiete zu bearbeiten und tiefergehende Informationen zu erhalten. Ebenso geht es darum subjektive Wirkungen, Sichtweisen, Meinungen und Motive zu analysieren. Sie ist durch ein offenes Vorgehen geprägt und bedient sich zumeist kleiner Stichproben.[1] Anhand ihres Standardisierungsgrads können Interviews unterschieden werden. Das standardisierte Interview zählt zu den quantitativen Methoden, das halbstandardisierte und freie Interview zählt zu den Erhebungsmethoden der qualitativen Forschung. Mithilfe eines Interviewleitfadens wird das halbstandardisierte Interview durchgeführt. Der Interviewleitfaden beinhaltet offene vorformulierte Primärfragen, aber auch ebenfalls offene Sekundärfragen. Diese können jederzeit bei Bedarf gestellt werden. Die Fragen werden wörtlich wiedergegeben, können jedoch, falls nötig, in der Reihenfolge angepasst werden. Diese grobe Struktur sichert die Mindestanforderungen an das Interview und verhindert ebenso das Abschweifen des eigentlichen Themas. Das freie Interview hingegen ist durch ein Minimum an Standardisierung und ein Maximum an Handlungsspielraum geprägt[2].

Um die Unternehmensreputation für das beispielhafte Unternehmen Boehringer Ingelheim zu messen, wird das Verfahren des halbstandardisierten Interviews angewandt. Damit soll sichergestellt werden, dass alle relevanten Reputationsdimensionen erfragt und untersucht werden. Die Informationen aus der Befragten Sicht, soll erfahren und diese interpretativ rekonstruiert werden[3]. Bevor das Interview durchgeführt werden kann, muss ein Interviewleitfaden erstellt werden. Die Konzeption dieses Interviewleitfadens erfordert eine strukturierte Herangehensweise.

---

[1] *Vgl.* Misoch (2015), S. 2 - 3
[2] *Vgl.* Lehmann (2004) S. 7-9
[3] *Vgl.* Reinders (2012), S. 84

4

Daher ist es in der Vorbereitungsphase zwingend notwendig, die Breite und Tiefe des Themas zu erkunden und Fachliteratur zum befragten Inhalt zu studieren. Die Qualität des Interviews, der Auswertung und der Interpretation wird wesentlich durch die Definition des Themas und der Operationalisierung der Dimensionen bestimmt[4].

1.2 Das Konstrukt „Unternehmensreputation"

1.2.1 Definitionsannäherung

Eine eindeutige Definition des Konstruktes „Unternehmensreputation" kann nicht gegeben werden, denn verschiedene Autoren nutzen verschiedene Herangehensweise für die Definition. Sprachgeschichtlich leitet sich Reputation aus dem lateinischen Wort „reputatio" ab. Dies bedeutet „Erwägung" oder „Berechnung". Eine positive Bedeutung ist über das französische Wort „réputation" entstanden, denn dies bedeutet „guter Ruf".[5] Schwaiger gibt an, dass nicht nur objektive Kenntnisse in das Urteil bezüglich eines Unternehmens einbezogen werden, sondern auch subjektive. Dies bedeutet, dass Reputation durch die Beurteilung eines Individuums entsteht. Diese Beurteilung wird durch das Wissen über ein Unternehmen, den wahrgenommen Eindrücken, aber auch den Emotionen gebildet. Schwaiger gibt an, dass sich Reputation aus kognitiven und affektiven Komponenten zusammensetzt.[6] Diese Definitionsannäherung liegt dieser Arbeit zu Grunde.

1.2.2 Operationalisierung des Konstruktes

Für die Erarbeitung und Konstruktion des Interviewleitfadens ist die Operationalisierung des Konstruktes „Unternehmensreputation" erforderlich. In der vorliegenden Einsendeaufgabe wird dazu das Reputationsmodell von Eisenegger verwendet. Bei der Entwicklung dieses Modells identifiziert der Wissenschaftler die drei Reputationsdimensionen funktional, sozial und expressiv und schreibt diesen jeweils Indikatoren zu[7]:

---

[4] *Vgl.* Aeppli, Gasser, Gutzwiller, Tettenborn (2016), S. 183
[5] *Vgl.* www.wortbedeutung.info
[6] *Vgl.* Schwaiger (2004), S. 47
[7] *Vgl.* Eisenegger, Imhof (2007), S. 6

Funktionale Reputation

Bei der ersten Dimension handelt es sich um die funktionale Reputation. Bei dieser wird vor allem die Zweckrationalität der Unternehmen geprüft[8].

Als Indikatoren der Dimension gelten die Produkt- und Dienstleistungsqualität, der wirtschaftliche Erfolg und die Managementqualität / Kompetenz der Führung. Außerdem wird bei der funktionalen Reputation untersucht, wie innovativ und bedeutsam ein Unternehmen am Markt ist und welche Position es dort einnimmt. Die Funktionale Reputation ist ein Indikator für Teilsystem-spezifischen Erfolg und Fachkompetenz und wird daran festgemacht, wie gut eine Person die ihr zugewiesene Leistungsrolle ausfüllt oder wie gut eine Organisation oder Institution dem Zweck dient, für den sie geschaffen wurde.[9]

Soziale Reputation

Nach Eisenegger bewertet die soziale Reputation die Legitimität und Integrität und wird daran festgemacht, inwieweit kodifizierte wie nicht-kodifizierte gesellschaftliche Normen befolgt werden. Die soziale Reputation eines Unternehmens ist solange intakt, wie das Streben nach funktionalem Erfolg nicht mit gesellschaftlichen Normen und Werten in Konflikt gerät. Bei der zweiten Dimension werden folgende Indikatoren näher betrachtet: die soziale Verantwortlichkeit, das Wohlergehen der Mitarbeiter, die Ressourcen und das Umweltmanagement.[10]

Expressive Reputation

Bei der Betrachtung der expressiven Reputation rückt die Innenwelt des Akteurs in den Fokus. Als Indikatoren der expressiven Reputation gelten die Sympathie sowie die Faszination der Marke und des Unternehmens.[11]

1.3 Konzeption des Interviewleitfadens

Bei qualitativen Interviews ist der Interviewleitfaden das zentrale Steuerungs- und Strukturierungselement. Er bildet den „roten Faden" zur Erhebung der qualitativen, verbalen Daten. Der Leitfaden gibt dabei den thematischen Rahmen und die thematische Fokussierung vor und listet alle relevanten Themenkomplexe auf, die angesprochen werden müssen. Ebenso strukturiert er

---

[8] *Vgl.* Eisenegger, Imhof (2009) S. 246
[9] *Vgl.* Eisenegger, Imhof (2007), S. 4
[10] *Vgl.* Eisenegger, Imhof (2020), S. 247
[11] *Vgl.* Eisenegger, Imhof (2020), S. 247

den gesamten Kommunikationsprozess. Der Leitfaden verbessert damit die Vergleichbarkeit der erhobenen Daten[12].

Die im vorherigen Kapitel genannten Dimensionen und Indikatoren bilden die Grundlage für die Konstruktion des Interviewleitfadens zum Thema Unternehmensreputation. Der Einsatz unterschiedlicher Fragetypen und deren systematische Anordnung garantieren, dass alle forschungsrelevanten Themen im Interview auch tatsächlich angesprochen werden. Ein Leitfaden besteht im Wesentlichen aus Stichpunkten, die zu den abzuarbeitenden Themenkomplexen aufgelistet werden. Dazu gibt es sogenannte Schlüsselfragen, die in jedem Interview auftauchen und Eventualfragen, welche gegebenenfalls im Interviewverlauf relevant werden. Die Ausformulierung der Fragen und Reihenfolge der Themenbearbeitung übernimmt der Interviewer. Dadurch entsteht ein „natürlicher" Argumentationsfluss[13].

Folgende Regeln sollten für die Formulierung von Fragen beachtet werden[14]:

1. Die Fragen sollten einfach und direkt formuliert sein.
2. Pro Frage sollte nur ein Sachverhalt abgefragt werden.
3. Doppelte Verneinungen, Fremdwörter und Fachbegriffe sind möglichst zu vermeiden.
4. Die verwendete Sprache sollte der Sprache der Zielgruppe entsprechen
5. Die Fragen sollten offen formuliert sein und zum Beschreiben und Erzählen einladen.
6. Geschlossene Fragen sollten nur als Filterführung verwendet werden (bspw. „Geht Boehringer Ingelheim auf die Wünsche des Kunden ein? Bitte erläutern Sie, woran Sie das erkennen.").
7. Suggestivfragen, die eine bestimmte Antwortrichtung vorgeben, sind zu vermeiden.

Der entwickelte Leitfaden im Anhang ab Seite 26 beinhaltet Primär- und Sekundärfragen. Die formulierten Primärfragen werden wörtlich gestellt und sind im Leitfaden durch Kursivschrift kenntlich gemacht. Die Sekundärfragen können bei Bedarf verwendet werden und sind als Anstriche unter den Primärfragen eingefügt. Durch die Kombination dieser Fragen wird dem Interviewer ermöglicht, auf Themen detaillierter einzugehen und den Interviewten dazu zu bringen, seine Ausführungen zu erweitern bzw. Nachfragen zu stellen, wenn das Ziel der Fragestellung nicht erreicht wurde[15].

---

[12] *Vgl.* Misoch (2015), S. 66
[13] *Vgl.* Schnell, Hill & Esser (2018) S. 353
[14] *Vgl.* Döring & Bortz (2016) S. 403 & *Vgl.* Strübing, 2013, S. 93
[15] *Vgl.* Wild (2016) S. 60

1.4 Vorbereitung, Aufbau und Durchführung des Interviews

Bevor ein Interview durchgeführt werden kann, müssen im Vorfeld einige organisatorische Vorbereitungen getroffen werden. Alle Interviewer müssen im Vorfeld geschult werden und die Interviewführung in Form von Rollenspielen üben. Außerdem sollte die erste Kontaktaufnahme zu den Befragungspersonen erfolgen und eine Terminvereinbarung stattfinden. Da es immer wieder zu Absagen oder Ausfällen kommen kann, ist es wichtig, die potenziellen Befragten großzügig zu rekrutieren. Die Zusammenstellung des Interviewmaterials gehört zur Vorbereitung ebenso dazu[16].

Vor den eigentlich relevanten Interviews sollten Pretests durchgeführt werden, um die Funktionalität, Verständlichkeit und Schwierigkeit der Fragen zu testen. Dadurch kann man auch Anpassungen und Veränderungen im Leitfaden noch vornehmen[17].

Die räumliche Auswahl zur Interviewdurchführung sollte so gewählt sein, dass eine gute Tonaufzeichnung möglich ist. Dies ist notwendig, um das Interview im Nachgang zu transkribieren, damit die Dokumentation sichergestellt werden kann[18].

Das Interview kann in vier Phasen aufgeteilt werden. Mit der *Informationsphase* beginnt das Interview. Darin wird dem Befragten alles über das Interview und deren Zielsetzung erläutert und ihm versichert, dass die gewonnenen Daten vertraulich behandelt werden. Außerdem füllt der Befragte eine Einverständniserklärung zur Durchführung des Interviews aus. In der *Aufwärm- und Einstiegsphase* soll mit offenen und breiten Fragestellungen dem Befragten ein angenehmer Einstieg in das Interview ermöglicht werden. Die Einstiegsfragen werden bewusst so gewählt, dass der Gesprächspartner in einen Erzählfluss kommt. Dadurch soll ihm auch die Angst vor der Interviewsituation genommen werden.[19] Die *Hauptphase* beinhaltet die Ansprache der eigentlich relevanten Themenbereiche. Der vorab erstellte Leitfaden stellt dabei sicher, dass alle festgelegten Themen abgefragt und besprochen werden. Nachdem alle Fragen der Themenkomplexe gestellt wurden, beginnt die *Abschlussphase*. Hier findet eine Reflexion des Interviews statt und der Befragte bekommt die Gelegenheit unerwähnte, aber dennoch wichtige Informationen dem Interview hinzuzufügen. Das Gespräch gilt dann als beendet, wenn der Interviewer sein Gegenüber wieder aus der Interviewsituation hinausbegleitet hat.[20] Im

---

[16] *Vgl.* Döring & Bortz (2016) S. 365
[17] *Vgl.* Lehmann (2004), S. 61
[18] *Vgl.* Berger-Grabner (2016), S. 134
[19] *Vgl.* Misoch (2015), S. 68
[20] *Vgl.* Misoch (2015), S. 68 - 71

vorliegenden Beispiel schließt das Interview mit einer Abschlussfrage und einem kurzen Dankeschön. Dem Befragten wird angeboten nach Abschluss der Auswertung die Ergebnisse der Befragung zu erhalten. Damit ist das Interview beendet.

1.5 Auswahl der Stakeholder

Nach Thommen werden mit Stakeholder sowohl interne als auch externe Personen bzw. Personengruppen bezeichnet, die an aktuellen oder zukünftigen unternehmerischen Tätigkeiten interessiert und davon direkt oder indirekt betroffen sind[21].

Boehringer Ingelheim Pharma GmbH & Co. KG ist ein weltweit tätiges, forschendes Pharmaunternehmen, bei dem Menschen aus vielen verschiedenen Kulturen zusammenarbeiten. Das Unternehmen, welches 1885 in Ingelheim am Rhein gegründet wurde, hat weltweit 51.000 Mitarbeiter[22]. Als wichtigste Stakeholder wurden die Mitarbeiter, Kunden und Lieferanten für das Interview ausgewählt, denn sie üben einen erheblichen Einfluss auf den wirtschaftlichen Erfolg von Boehringer Ingelheim aus. Darüber hinaus existieren noch weitere Stakeholder, welche jedoch im Rahmen der Erhebung nicht berücksichtigt werden.

1.6 Fallauswahl

In der qualitativen Forschung werden meist nur Stichproben im ein- bis zweistelligen Bereich gewählt. Jeder einzelne Fall bedeutet einen hohen Arbeitsaufwand, weswegen größere Stichprobenumfänge aus forschungsökonomischen Gründen nicht realisierbar sind. Die Auswahl der Stichproben wird bewusst getroffen, so dass es zu keinen großen Ergebnisverzerrungen kommen kann. Ein Stichprobenplan kann zur Unterstützung erstellt werden[23].
Bei den gewählten Stakeholdern handelt es sich um sehr unterschiedliche Befragungspersonen, weshalb eine möglichst repräsentative Auswahl getroffen werden soll.
In der Gesamtheit werden 13 Personen zum Forschungsthema befragt. Dazu gehören fünf Mitarbeiter, drei Kunden und fünf Lieferanten. Eine Vollerhebung ist aufgrund der Vielzahl an Personen sowie aus Kosten- und Zeitgründen ausgeschlossen. Die fünf befragten Mitarbeiter stammen aus verschiedenen Standorten, Bereichen sowie Vergütungsgruppen. Sie weisen auch eine unterschiedlich lange Betriebszugehörigkeit auf. Auch die interviewten Kunden des Auftragsgeschäftes von Boehringer Ingelheim sind jeweils anderen Standorten zugeordnet und

---

[21] *Vgl.* Thommen, 2019
[22] *Vgl.* Unternehmenshomepage www.boehringer-ingelheim.de
[23] *Vgl.* Döring & Bortz (2016) S. 302-305 & *Vgl.* Misoch (2019 S.68

stammen nicht aus den gleichen Altersgruppen. Von den Lieferanten werden sowohl neue als auch langjährige Vertragspartner unterschiedlicher Unternehmensgrößen befragt. Damit ist eine größtmögliche Repräsentativität der Stichprobe gewährleistet.

Aufgabe B2 – Verzerrungen im Interview

In diesem Kapitel wird erläutert, was unter Verzerrungen im Interview zu verstehen ist und wie dieser Effekt so niedrig wie möglich gehalten werden kann.

2.1 Effekte durch Interviewten

Als erstes wird auf die Verzerrungen eingegangen, welche durch die befragten Personen, die Interviewten selbst, entstehen. Die verschiedenen Charaktermerkmale dieser Person führen zu unterschiedlichen Strategien in der Beantwortung der Fragen. Diese Strategien werden als Fehlreaktionen unter dem Oberbegriff „Response Sets" zusammengesetzt werden. Es existieren zahlreiche dieser Response Sets, welchen je nach Forschungsthema bzw. -richtung unterschiedliche Bedeutungen zugewiesen werden. Folgende Response Sets lassen sich unterscheiden. Die ersten sechs sind eher unsystematische, die letzten zwei hingegen systematische Effekte, welche während Befragungen auftreten können:[24]

- Tendenz zu raten
- Tendenz zu lügen
- Tendenz zur Vollständigkeit
- Bevorzugung von mittleren und neutralen Antwortkategorien
- Bevorzugung von Extremkategorien
- Bevorzugung von Geschwindigkeit vor Genauigkeit
- Beurteilungsunterschiede bezüglich der Kategorien
- Zustimmungstendenz
- Tendenz zur sozialen Erwünschtheit

2.2 Effekte durch Interviewer

Als zweites werden nun die Effekte durch den Interviewer selbst näher betrachtet. In einem Interview kann die Zielperson durch manifeste oder latente Merkmale sowie fehlerhaftes Verhalten des Interviewers beeinflusst werden[25]. Die Interviewenden haben mit ihrem Auftreten einen zentralen Anteil an der Qualität der Forschungsergebnisse. Dieser Effekt wird in der Wissenschaft als Interviewereffekt bezeichnet[26]. Die Rolle des Interviewers wird bei

---

[24] *Vgl.* Reinecke (1991) S.24
[25] *Vgl.* Häder (2015) S. 223
[26] *Vgl.* Jedinger & Michael (2019) S. 365

11

Verzerrungseffekten oftmals eher unterschätzt, obwohl dieser einen entscheidenden Einfluss auf die Qualität der Datenerhebung hat, was sich auf die Kooperationsbereitschaft sowie auf das Antwortverhalten der Befragten zurückführen lässt[27]. Das unterschiedliche Verhalten der Befragten lässt sich durch Sympathie oder Antipathie gegenüber dem Interviewer erklären. Aber auch als Reaktion auf persönliche Merkmale wie z.b. Geschlecht, Ethnie, Körpersprache. Ebenso haben nicht sichtbare Eigenschaften, wie zum Beispiel, die Einstellung des Interviewers zum Thema oder Persönlichkeitsmerkmale wie Extrovertiertheit, einen Einfluss auf die befragte Person[28]. In ganz extremen Fällen von Interviewereffekten, kann es auch zur absichtlichen Fälschung von Ergebnissen durch den Interviewer selbst kommen. Die Ursachen für dieses Verhalten hierfür können sowohl in den durch die Institution vorgegebenen Bedingungen und somit dem Leistungsdruck durch Vorgesetze, Zeitersparnis oder Honorarsteigerung liegen.[29]

2.2 Minimierung von Verzerrungen während der Befragung

Intervieweffekte lassen sich am besten im Vorfeld durch spezielle Schulungen des Interviewers eliminieren. Diese Schulungen sollten aus einer Basisschulung und einer darauf aufbauenden Schulung bestehen. In der Basisschulung sollten die Grundlagen der Umfrageforschung sowie der Umgang mit den elektronischen Geräten und den Umfrageteilnehmern vermittelt werden. Ebenso wird in der Basisschulung der Umgang mit Kritik an den Fragen und die standardisierte Gesprächsführung trainiert, welche maßgeblich zur Reduktion von Interviewereffekten beiträgt. Die weiterführende Schulung sollte eine studienspezifische Schulung sein, welche wichtiges Hintergrundwissen vermitteln soll. Dieses Hintergrundwissen dient auch der Motivationssteigerung der Interviewer. Dem Interviewer wird auch somit ermöglicht, fachlich kompetent auf Rückfragen der Befragten einzugehen[30]. Schreier weist darauf hin, dass vor allem unerfahrene Interviewer Angst davor haben, Fehler zu machen. Diese Personengruppe wirkt auf den Befragten eher hektisch. Oft lassen sie dem Gegenüber nicht genügend Zeit zum Nachdenken. Infolgedessen reden sie dem Interviewten dazwischen[31]. Diese Art der Verzerrung kann mit Probe-Rollenspielen während des Interviewtrainings verringert werden. Es empfiehlt sich, diese Probe-Rollenspielen mit einer Videokamera aufzuzeichnen. Dadurch kann der Interviewende seine Fehler im Nachhinein betrachten und daraus lernen. Weiterhin wird empfohlen, dass Aufzeichnen des Interviews mittels eines Diktiergeräts, einer Videokamera, eines

[27] *Vgl.* Glantz, Michael (2014) S.313 & *Vgl.* Raab, Unger, Unger (2018). S.51, 127
[28] *Vgl.* Glantz, Michael (2014) S.316 & *Vgl.* Sedlmeier & Renkewitz (2008) S.102
[29] *Vgl.* Blasius (2017) S.232f
[30] *Vgl.* Glantz, Michael (2014) S.318f & *Vgl.* Jedinger & Michael, 2019, S. 370
[31] *Vgl.* Schreier (2013) S. 229–230

Protokolls oder anderen Methoden ebenfalls zu üben. Es erachtet sich als sinnvoll, schwierige Situationen in diese Test-Interviews einzubauen, denn nur so lernt der Interviewende souverän auf kritische Fragen zu antworten oder seine eigene Meinung nicht darzulegen[32].

Die Interviewer sollten sich stets ihrer Wirkung auf die Befragten bewusst sein. Dazu gehört auch die Vermeidung von Suggestivfragen sowie Interpretationen des Gehörten. Interviewer sollten fachliche Kompetenz aufweisen und adäquat auf sich veränderte Situationen eingehen können. Letzteres setzt eine psychische Belastbarkeit voraus[33].

Es gestaltet sich vergleichsweise schwierig, wenn man die Effekte der Befragten minimieren möchte. Die Antwortverweigerung ist ein großes Problem bei Interviews, insbesondere bei sensiblen Themen oder fehlender Terminabstimmung. Ein Interview muss daher systematisch aufgebaut werden. Es sollte eine gute Gesprächsatmosphäre herrschen und das Gespräch mit beidseitiger Zufriedenheit beendet werden[34]. Dies kann zum Beispiel durch eine Aufwandsentschädigung oder der anschließenden Information über die Untersuchungsergebnisse erfolgen[35]. Die Art und Weise der Gesprächsführung durch den Interviewer kann auch Verzerrungseffekte vermeiden. Die Interviewer sollten darauf achten, heikle Themen vorsichtig zu formulieren. Sie sollten auch bei der für die Untersuchung wichtigen Themen gute Überleitungen generieren, um tiefer ins Thema einsteigen zu können. Direkte Fragen an den Interviewer müssen umgangen und zurückgegeben oder es sollte zu anderen Themen übergeleitet werden. Zu guter Letzt sollte das Interview maximal 45 Minuten dauern und damit vor einer Erschöpfung des Befragten beendet sein. Diese Vielfalt an Aufgaben, die an den Befrager gestellt werden, erfordert ein hohes Maß an Professionalität zur Bewältigung[36].

---

[32] *Vgl.* Döring & Bortz (2016) S. 362–363
[33] *Vgl.* Sedlmeier & Renkewitz (2008) S.102
[34] *Vgl.* Renner & Jacob (2020) S.70
[35] *Vgl.* Sedlmeier & Renkewitz (2008) S.102
[36] *Vgl.* Maindok (1996) S.77f

Aufgabe B3 – Die Qualitative Inhaltsanalyse

3.1 Einführung und Definition

Inhaltsanalytische Verfahren wurden bereits in den 1920er Jahren in den USA realisiert[37]. Die Inhaltsanalyse hatte ihre goldene Zeit mit der Erfindung des Radios und der Analyse der Wirkung von Radioberichterstattungen. Bernard Berelson verfasste 1941 die erste methodische Dissertation zur Inhaltsanalyse[38]. Er beschrieb die Inhaltsanalyse damals noch als reine Forschungstechnik. Seit damals gab es einige wissenschaftliche Auseinandersetzungen mit dem Thema und die Inhaltsanalyse hat inzwischen den Status einer eigenständigen Methode erreicht. Nach Werner Früh ist die Inhaltsanalyse: „eine empirische Methode zur systematischen, intersubjektiv nachvollziehbaren Beschreibung inhaltlicher und formaler Merkmale von Mitteilungen."[39]

Man unterscheidet grundsätzlichen zwischen der quantitativen und qualitativen Inhaltsanalyse. Häufigkeiten, Umfänge oder Verteilungen von Satzstrukturen stehen bei der quantitativen Inhaltsanalyse im Vordergrund. Die qualitative Inhaltsanalyse im Gegenzug ist eine Auswertungsmethode, bei der die Individualität der einzelnen Texte im Rahmen der Codierung berücksichtigt wird.[40] Die qualitative Inhaltsanalyse wird im Rahmen sozialwissenschaftlicher Forschungsprojekte angewandt, da sie ein starkes theorie- und regelgeleitetes Vorgehen auszeichnet. Zum Beispiel, dort wo Datenerhebungen anfallen, bspw. Transkripte von offenen Interviews.[41]

Werner Früh führte den Begriff der integrativen Inhaltsanalyse erstmals ein. Das Prinzip war jedoch nicht neu, denn es wurden schon früher bei quantitativen Inhaltsanalysen integrative Methoden angewandt. Damals wurde dies jedoch bisher nicht als eigenständige Art der Inhaltsanalyse ausgewiesen[42]. Philipp Mayring als auch Udo Kuckartz beschreiben jeweils drei Hauptformen der qualitativen Inhaltsanalyse. Beide stellen sowohl die inhaltlich strukturierende als auch die evaluativ qualitative Inhaltsanalyse dar[43].

Im Folgenden werden nun die typischen Abläufe der inhaltlich strukturierenden sowie der evaluativ qualitativen Inhaltsanalyse nach Kuckartz beschrieben. In einer Gegenüberstellung werden die Unterschiede beider Analysemethoden aufgezeigt.

---

[37] *Vgl.* Gläser & Laudel (2009) S. 197
[38] *Vgl.* Kuckartz (2016) S. 14-15
[39] *Vgl.* Rössler (2017) S. 20-22
[40] *Vgl.* Rössler (2017) S. 19
[41] *Vgl.* Mayring & Frenzl (2019) S. 633 & *Vgl.* Mayring (2010), S.11ff.
[42] *Vgl.* Rössler (2017) S. 19
[43] *Vgl.* Schreier (2014) & *Vgl.* Brinkschulte/Kreitz (2017) S. 229

Am Material ausgewählte inhaltliche Aspekte zu erkennen, zu konzeptualisieren sowie das Material im Hinblick auf solche Gesichtspunkte systematisch und ganzheitlich zu beschreiben, stellen die Hauptaspekte der inhaltlich strukturierenden Vorgehensweise dar[44]. Eine inhaltlich strukturierende qualitative Inhaltsanalyse wird in sieben Phasen eingeteilt. Die Phasen der Inhaltsanalyse sind in der folgenden Abbildung kurz dargestellt:[45]

Abbildung 1: Die 7 Phasen einer inhaltlich strukturierenden Inhaltsanalyse
(Quelle: Eigene Darstellung, in Anlehnung an Kuckartz (2016), S.100)

Die *erste Phase* beginnt mit der initiierenden Textarbeit: Die Texte werden sorgfältig gelesen und wichtige Textstellen markiert. Anmerkungen und Hinweise werden am Rand erfasst und Memos mit Auswertungsideen und Besonderheiten werden geschrieben. Abschließend wird eine kurze Fallzusammenfassung erstellt.[46]

In der *zweiten Phase* werden zunächst die Hauptkategorien deduktiv aus dem theoretischen Bezugsrahmen und der Forschungsfrage abgeleitet. Dabei ist das Ziel, die vorhandenen Daten in Kategorien und Subkategorien einzuordnen. In diesem Schritt wird ebenfalls mit Memos und Randbemerkungen gearbeitet, um Besonderheiten und Auffälligkeiten zu vermerken. Einen Testlauf sollte man mit ca. 10 bis 25% des gesamten Auswertungsmaterials durchführen, wobei dies jedoch vom Material und der Komplexität abhängig ist. Das Ziel des Testlaufes ist, dass

---

[44] *Vgl.* Schreier (2014)
[45] *Vgl.* Kuckartz (2016), S. 100
[46] *Vgl.* Kuckartz (2016), S. 101

die definierten Themen und Subthemen auf das gesammelte Datenmaterial anwendbar sind. Dieser Zwischenschritt wird allerdings nicht benötigt, wenn die Kategorien empirisch direkt am Material entwickelt worden sind.[47]

Während der *dritten Phase* wird das gesamte Material mit den Hauptkategorien codiert. Der gesamte Text wird dabei Zeile für Zeile durchgearbeitet, damit die entsprechenden Textabschnitte den Kategorien zugeordnet werden können. Ein Textabschnitt kann man auch mehreren Kategorien zuordnen, wenn verschiedene Themen enthalten sind. Textstellen, welche nicht relevant sind, können auch uncodiert gelassen werden.

In der *vierten Phase* der inhaltlich strukturierenden qualitativen Inhaltsanalyse werden gleiche Hauptkategorien zusammengestellt, um zu den bisherigen Kategorien Subkategorien bilden zu können[48].

In der nächsten Phase, *der fünften*, erfolgt das Ausdifferenzieren der zunächst relativ allgemein gehaltenen Hauptkategorien in weitere Subkategorien. Dies wird durch eine induktive Vorgehensweise umgesetzt. Dafür werden die weiter auszudifferenzierenden Kategorien ausgewählt und in einer Tabelle oder Liste zusammengestellt und geordnet. Anhand dieser Übersicht werden dann Subkategorien mit dazugehörigen Definitionen gebildet und Beispiele zugeordnet[49].

In der vorletzten Phase, der *sechsten*, erfolgt der zweite Codierprozess, der umfangreichste Arbeitsschritt der Inhaltsanalyse. Hauptkategorien werden nun mit den passenden Unterkategorien versehen. An dieser Stelle ist es notwendig, das gesamte Material noch einmal durchzuarbeiten. Dabei ist darauf zu achten, dass auch ausreichend Material herangezogen wird. Denn wenn die Subkategorien auf Basis von zu wenig Material gebildet werden, ist eine Präzisierung und Erweiterung nach Abschluss der Phase meist unumgänglich. Man sollte auch darauf achten, dass man das Material nicht zu stark unterteilt, gerade bei wenig Forschungsmaterial macht das wenig Sinn. Dies gilt insbesondere, wenn im Anschluss eine Typenbildung erfolgen soll, da sich hier die definierten Merkmalsausprägungen bei möglichst vielen Fällen finden lassen sollen.

Die *siebte Phase* dient dazu, eine kategorienbasierte Auswertung und Ergebnisdarstellung vorzunehmen. Dies kann verschieden dargestellt werden[50].

---

[47] *Vgl.* Kuckartz (2016), S. 101-102
[48] *Vgl.* Kuckartz (2016), S. 102-104
[49] *Vgl.* Kuckartz (2016), S. 106
[50] *Vgl.* Kuckartz (2016), S. 110-111

Auch die evaluative Inhaltsanalyse ist eine verbreitete Variante qualitativ-inhaltsanalytischen Arbeitens. Bei Mayring findet sich das Verfahren unter der Bezeichnung "skalierende Inhalts-analyse" wieder[51]. Sie beinhaltet formal betrachtet, die gleichen Hauptphasen wie die inhaltlich-strukturierende Inhaltsanalyse. Jedoch unterscheidet sich diese in der Art der Kategorienbil-dung und damit folgend die Phasen von der Codierung bis zur Ergebnisdarstellung. Die Abbil-dung zeigt den Ablauf für eine einzelne bewertende Kategorie. Die Phasen zwei bis fünf müssen dabei für jede einzelne Bewertungskategorie durchlaufen werden[52].

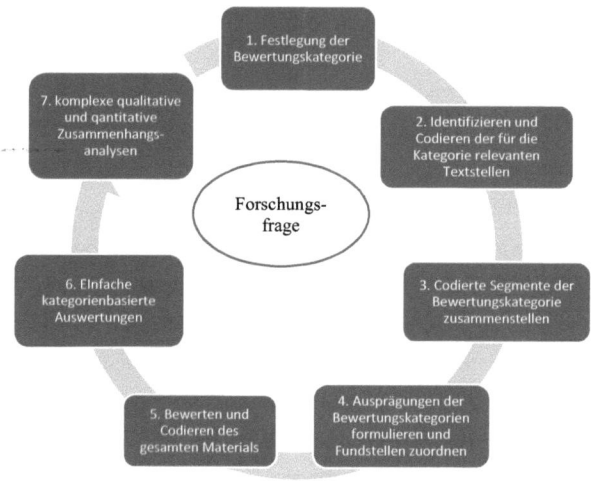

Abbildung 2: Die 7 Phasen einer evaluativ qualitativen Inhaltsanalyse
(Quelle: Eigene Darstellung, in Anlehnung an Kuckartz (2016), S.125)

In der *ersten Phase* werden die Bewertungskategorien festgelegt. Die gewählte Kategorie sollte einen stringenten Zusammenhang zur Forschungsfrage aufweisen. Es ist ebenfalls darauf zu achten, dass nur solche Kategorien ausgewählt werden, welche für die Forschungsfrage eine große Bedeutung besitzen, damit diese im Projektverlauf mit weiteren Kategorien in Zusam-menhang gebracht werden können. Unter Umständen kann es auch sein, dass sich einige zu bewertende Kategorien erst im Auswertungsprozess ergeben. Da der Aufwand für die Bildung und Codierung einer bewerteten Kategorie hoch ist, sollte sichergestellt werden, dass grund-sätzlich die Einschätzung dieser für alle Forschungsteilnehmenden sichergestellt ist[53].

---

[51] *Vgl.* Mayring (2010), S.101
[52] *Vgl.* Kuckartz (2016), S. 125
[53] *Vgl.* Kuckartz (2016), S. 126

In der *zweiten Phase* muss das gesamte Material durchgearbeitet werden. Jede Textstelle wird dabei codiert, welche Informationen zur fokussierten Kategorie enthält.

In der *dritten Phase* wird nun eine kategorienbasierte Auswertung vorgenommen. Alle codierten Bereiche werden fallbezogen zusammengestellt. Dies erfolgt in einer Tabelle oder einer Liste. Diese Zusammenfassung bildet die Grundlage für die analytische Hauptarbeit in den beiden folgenden Phasen.

In *Phase vier* wird die Formulierung der Ausprägungen der Bewertungskategorien vorgenommen. Es muss eine ausreichende Anzahl von Textstellen gelesen und definiert werden, um die Ausprägungen vornehmen zu können. Es muss entschieden werden, wie differenziert die Unterscheidungen erfolgen sollen. Als Minimum müssen drei Ausprägungen unterschieden werden[54]:

- Hohe Ausprägung
- Geringe Ausprägung
- Nicht zu klassifizieren, d.h. die Zuordnung der Ausprägung ist mit den vorhandenen Informationen nicht zuverlässig möglich

Nach der abgeschlossenen vierten Phase folgt die *fünfte Phase*. Hier erfolgen eine Codierung und Bewertung des gesamten Materials. Mithilfe von Memos werden die getroffenen Entscheidungen dokumentiert. Durch diese kann man im Nachgang die Entscheidungen nachvollziehen[55].

Die Phasen sechs und sieben befassen sich mit der Auswertung der Kategorien. Während der *sechsten Phase* werden einfache Auswertungen der Kategorien vorgenommen. Dies erfolgt meistens in deskriptiver Form. Die Beschreibung bezieht sich dabei sowohl auf qualitative als auch quantitative Aspekte. Es ergeben sich sieben unterschiedliche Auswertungsformen, welche sich in Bezug auf das Ausmaß der Komplexität unterscheiden.

Während die Auswertung der Kategorien in Phase sechs noch relativ einfach war, wird die Auswertung in *Phase sieben* komplexer. An dieser Stelle können z.B. Kreuztabellen verwendet werden, bei denen verschiedene evaluative Kategorien untereinander in Zusammenhang gebracht werden oder tiefergehende Einzelfallinterpretationen vorgenommen werden.[56]

---

[54] *Vgl.* Kuckartz (2016), S. 127
[55] *Vgl.* Schreier (2014)
[56] *Vgl.* Kuckartz (2016), S. 134-139

Die evaluativ qualitative Inhaltsanalyse geht im Gegensatz zur inhaltlich strukturierenden Inhaltsanalyse stärker hermeneutisch-interpretativ vor. Die evaluativ qualitative Inhaltsanalyse
ist eher ganzheitlich orientiert, da sie Bewertungen auf der Ebene des gesamten Falles vor-
nimmt. Die Bewertungen und Klassifizierungen stellen auch höhere Anforderungen an den
Codierenden. Es wird auch empfohlen, bei der evaluativ qualitativen Inhaltsanalyse mit zwei
Codierenden zu arbeiten[57].

Die beiden Analysen unterscheiden sich auch in Bezug auf die Kategorienentwicklung. Bei
der inhaltlich strukturierenden Inhaltsanalyse werden Oberkategorien häufiger auf der Grundlage von Vorwissen erstellt. Die Unterkategorien werden häufiger induktiv aus dem Material
generiert.

Bei der evaluativen Inhaltsanalyse ergeben sich dagegen die Oberkategorien häufig aus dem
Material selbst. Während die Generierung der Unterkategorien durch Vorwissen stattfindet.[58]

Die inhaltlich strukturierende Inhaltsanalyse eignet sich besonders dann, wenn primär auf Be-
schreibungen hingearbeitet werden soll. Der Fokus der inhaltlich strukturierenden qualitativen
Inhaltsanalyse liegt auf der Systematisierung, der Analyse der wechselseitigen Relationen und
die stärkere Konzentration auf die Entwicklung von Unterkategorien und Ausprägungen mit
Hilfe des Textmaterials.

Die evaluativ qualitative Inhaltsanalyse dagegen eignet sich besonders, wenn themenorientiert
gearbeitet wird. Im Vordergrund stehen hier die Einschätzung, Klassifizierung und Bewertung
durch den Forschenden[59]

---

[57] *Vgl.* Kuckartz (2016), S. 140-141
[58] *Vgl.* Schreier (2014)
[59] *Vgl.* Kuckartz (2016), S. 141-142

Literaturverzeichnis

Aufgabenteil B1:

Aeppli, J./Gasser, L./Gutzwiller, E./Tettenborn, A. (2016) Empirisches wissenschaftliches Arbeiten. Ein Studienbuch für die Bildungswissenschaften, 4. Aufl., Verlag Julius Klinkhardt KG, Bad Heilbrunn.

Berger-Grabner, D. (2016), Wissenschaftliches Arbeiten in den Wirtschafts- und Sozialwissenschaften. Hilfreiche Tipps und praktische Beispiele, 3. Aufl., Wiesbaden.

Döring, N. & Bortz, J. (2016) Forschungsmethoden und Evaluation in den Sozial- und Humanwissenschaften, 5. vollständig überarbeitete, aktualisierte und erweiterte Auflage, Berlin.

Eisenegger, M. & Imhof, K. (2009) Funktionale, soziale und expressive Reputation - Grundzüge einer Reputationstheorie. In Ulrike Röttinger (Hrsg.), Theorien der Public Relations. Grundlagen und Perspektiven der PR-Forschung, 2. aktualisierte und erweiterte Auflage, Wiesbaden, S. 243–264

Eisenegger, M., Imhof, K. (2007) Das Wahre, das Gute und das Schöne: Reputations-Management in der Mediengesellschaft, fög discussion papers, Universität Zürich, ISSN 1661-8459, verfügbar unter: https://www.foeg.uzh.ch/dam/jcr:00000000-13a2-35bc-0000-00000a79c849/Wahr_Gut_Schoen_2007_d.pdf; abgerufen am: 18.04.2020

Lehmann, G. (2004) Das Interview. Erheben von Fakten und Meinungen im Unternehmen, 2. Aufl., Renningen.

Misoch, S. (2015) Qualitative Interviews, de Gruyter Oldenbourg Verlag, Berlin, München, Boston

Reinders, H. (2012) Qualitative Interviews mit Jugendlichen führen. Ein Leitfaden, 2. Aufl., München.

Schnell, R., Hill, P. B. & Esser, E. (2018) Methoden der empirischen Sozialforschung, 11., überarbeitete Auflage, Berlin

Schwaiger, M. (2004) Components and Parameters of Corporate Reputation. Schmalenbach Business Review

Strübing, J. (2013) Qualitative Sozialforschung. Eine komprimierte Einführung für Studierende, München

Thommen, J.-P. (2019). Anspruchsgruppen; verfügbar in: https://wirtschaftslexikon.gabler.de/definition/anspruchsgruppen , abgerufen am 19.04.2020.

Unternehmenshomepage von Boehringer Ingelheim, Abgerufen am 19.04.2020; verfügbar unter: https://www.boehringer-ingelheim.de/sites/de/files/apc/ar-2019/boehringer_ingelheim_auf_einen_blick_2020.pdf

wortbedeutung.info (2020) Reputation (Deutsch), verfügbar in: https:// www.wortbedeutung.info/Reputation/ , abgerufen am 18.04.2020

Wild, A. (2016) Das strategische Kompetenzmanagement als ein wesentlicher Bestandteil der Employability. Dargestellt am Beispiel eines ICTDienstleisters, Mering.

Aufgabenteil B2:

Blasius, J. (2014) Fälschungen von Interviews. In: Baur, N. & Blasius, J. (Hrsg.), Handbuch Methoden der empirischen Sozialforschung, Wiesbaden. DOI 10.1007/978-3-531-18939-0

Döring, N. & Bortz, J. (2016). Forschungsmethoden und Evaluation in den Sozial- und Humanwissenschaften (5.). Berlin: Springer. doi:10.1007/978-3642-41089-5

Glantz, A. & Michael, T. (2014) Interviewereffekte. In: Baur, N. & Blasius, J. (Hrsg.), Handbuch Methoden der empirischen Sozialforschung, Wiesbaden. DOI 10.1007/978-3-531-18939-0

Häder, M. (2015). Empirische Sozialforschung. Eine Einführung, 3. Aufl., Wiesbaden

Jedinger, A. & Michael, T. (2019). Interviewereffekte - Handbuch Methoden der empirischen Sozialforschung, (2., S. 365– 376). Wiesbaden: Springer VS. doi:10.1007/978-3-658-21308-4_25

Maindok, H. (1996) Professionelle Interviewführung in der Sozialforschung: Interviewtraining: Bedarf, Stand und Perspektiven, Pfaffenweiler.

Raab, G., Unger, A. & Unger, F. (2018) Methoden der Marketing-Forschung: Grundlagen und Praxisbeispiele, 3. Auflage, Springer Gabler Verlag, Wiesbaden

Reinecke, J. (1991) Interviewer- und Befragtenverhalten: Theoretische Ansätze und methodische Konzepte, Wiesbaden.

Renner, K.-H. & Jacob, N.-C. (2020) Das Interview – Grundlagen und Anwendung in Psychologie und Sozialwissenschaften, 1. Auflage, Springer Verlag, Berlin

Schreier, M. (2013). Qualitative Erhebungsmethoden. Forschungsmethoden in Psychologie und Sozialwissenschaften für Bachelor. In W. Hussey, M. Schreier & G. Echterhoff (Hrsg.), (2., S. 222–244). Berlin: Springer Medizin. doi:10.1007/978-3-642-34362-9_6

Sedlmeier, P. & Renkewitz, F. (2008) Forschungsmethoden und Statistik in der Psychologie, München

Aufgabenteil B3:

Brinkschulte, M. & Kreitz, D. (2017), Qualitative Methoden in der Schreibforschung, Bielefeld.

Gläser, J & Laudel, G. (2009), Experteninterviews und qualitative Inhaltsanalyse als Instrumente rekonstruierender Untersuchungen, 3. Aufl., Wiesbaden.

Kuckartz, U. (2016) Qualitative Inhaltsanalyse. Methoden, Praxis, Computerunterstützung, 3. Aufl., Weinheim, Basel.

Kuckartz, U. (2016): Qualitative Inhaltsanalyse, https://www.qualitativeinhaltsanalyse.de/methode.html , abgerufen am 18.04.2020

Mayring, P. (2010), Qualitative Inhaltsanalyse. Grundlagen und Techniken, Weinheim.

Mayring, P. & Frenzl, T. (2019) Handbuch Methoden der empirischen Sozialforschung, 2. Aufl., Wiesbaden.

Rössler, P. (2017) Inhaltsanalyse, 3. Aufl., Konstanz, München

Schreier, M. (2014): Varianten qualitativer Inhaltsanalyse: Ein Wegweiser im Dickicht der Begrifflichkeiten, Verfügbar unter: www.qualitative-research.net/index.php/fqs/rt/printer-Friendly/2043/3635#g21 , abgerufen am 14.04.2020

Anhang zu Aufgabe 1

Interviewleitfaden zur Erhebung der Unternehmensreputation

1 Begrüßung

Guten Tag (Vorname & Nachname) _____,

Zu Beginn möchte ich mich recht herzlich bei Ihnen bedanken, dass Sie sich Zeit für dieses Interview genommen haben. Bevor wir mit dem Interview und den Fragen starten, möchte ich Ihnen noch mein Anliegen erklären, warum wir hier sind. Mein Name ist ... und ich studiere derzeit Wirtschaftspsychologie an der SRH Fernhochschule Riedlingen. Im Rahmen einer wissenschaftlichen Arbeit beschäftige ich mich mit dem Thema „Messung der Reputation eines Unternehmens oder einer Organisation". Ich möchte mit Hilfe des Gesprächs herausfinden, was die Reputation von Boehringer Ingelheim ausmacht.

Innerhalb des Interviews werde ich Ihnen verschiedene offene Fragen stellen. Ich möchte Sie deswegen bitten, mir alles zu erzählen, was Sie diesbezüglich für die Beantwortung der Frage als relevant und wichtig erachten. Es erfolgt hier keine Unterbrechung und Wertung Ihrer gegebenen Antworten. Ist Ihnen eine Fragestellung unklar, können Sie jederzeit Rückfragen stellen. Ich denke, das Interview wird in etwa 40-50 Minuten in Anspruch nehmen.

Ihre Daten werden selbstverständlich vertraulich und anonymisiert behandelt. Für eine vereinfachte Auswertung würde ich das Gespräch gerne aufnehmen und die Ergebnisse im Anschluss nach unserem Gespräch niederschreiben. In diesem Zusammenhang bitte ich Sie nun die von mir vorbereitete Einverständniserklärung zu unterzeichnen.

Die Beantwortung aller Fragen ist freiwillig und Sie können sich jederzeit dazu entscheiden, das Interview vorzeitig zu beenden.

Nun lassen Sie uns mit dem formalen Teil beginnen!

2 Einverständniserklärung

Hiermit erkläre ich

Vorname: _____

Name: _____

Geburtsdatum: _____

mein Einverständnis, dass das mit mir am _____ von Frau Musterfrau geführte Interview auf Tonband aufgezeichnet und im Anschluss niedergeschrieben werden darf. Die Speicherung und Verarbeitung dieser Daten geschieht ausschließlich im Rahmen der Studienarbeit "Wissenschaftliches Arbeiten- Vertiefung".

Die Veröffentlichung der Forschungsergebnisse findet ausschließlich in anonymisierter Form statt. Personenbezogene Daten werden nicht an Dritte weitergeleitet und unmittelbar nach der Verarbeitung vollständig gelöscht.

Über den Schutz meiner Daten wurde ich schriftlich und mündlich belehrt.

Des Weiteren ist mir bewusst, dass ich die erteilte Einverständniserklärung jederzeit widerrufen kann.

_____   _____

Ort, Datum   Unterschrift

3 Fragen zur Person

Name, Vorname _____

Geschlecht _____

Geburtsdatum _____

Ort _____

Datum _____

Beginn & Ende _____

4 Einführende Fragen

- Wie lange kennen Sie Boehringer Ingelheim?
- In welchem Verhältnis stehen Sie zu Boehringer Ingelheim?
  - Kunde / Lieferant / Mitarbeiter

5 Hauptteil

Lassen Sie uns nun mit dem Hauptteil des Interviews beginnen.

Dimension 1: Funktionale Reputation

- Wie bewerten Sie die Produkt- und Dienstleistungsqualität von Boehringer Ingelheim Pharma GmbH & Co. KG?
- Weshalb ist das Unternehmen Ihrer Meinung nach wirtschaftlich so erfolgreich?
- Wie beurteilen Sie die Managementqualität bzw. Führungskompetenz von Boehringer Ingelheim?
- Wie bedeutend ist Ihnen im Allgemeinen Boehringer Ingelheim?
- Welche Position nimmt sie für Sie am Markt ein?
- Welche Innovationsfähigkeit schreiben Sie dem Unternehmen?

Dimension 2: Soziale Reputation

- Wie stark setzt sich das Unternehmen für die Einhaltung von Menschenrechten und sozialen Standards ein?
- Was unternimmt Boehringer Ingelheim für das Wohlergehen der Mitarbeiter?

- In wie weit beschäftigt sich Boehringer Ingelheim mit der Schonung von Ressourcen?
- Was macht das Unternehmen zum Schutz der Umwelt?

Dimension 2: Expressive Reputation

- Wie sympathisch ist Ihnen Boehringer Ingelheim?
- Was fasziniert Sie an der Marke Boehringer Ingelheim?
- Was begeistert Sie an der Unternehmensphilosophie?

6 Ende des Interviews

Ich bin von meiner Seite nun am Ende der Fragen angelangt. Gibt es von Ihrer Seite noch Aspekte, die nicht angesprochen wurden und Sie gerne noch hinzufügen möchten?

Selbstverständlich bekommen Sie die Forschungsergebnisse nach Ende der Auswertung ausgehändigt.

Ich bedanke mich bei Ihnen für die genommene Zeit und das offene Gespräch und wünsche Ihnen noch einen schönen Tag!

BEI GRIN MACHT SICH IHR
WISSEN BEZAHLT

- Wir veröffentlichen Ihre Hausarbeit,
  Bachelor- und Masterarbeit

- Ihr eigenes eBook und Buch -
  weltweit in allen wichtigen Shops

- Verdienen Sie an jedem Verkauf

Jetzt bei www.GRIN.com hochladen und kostenlos publizieren